Fascicule, n° 2.

LIGUE SAINT-MARTIN

CONFÉRENCE DU 18 FÉVRIER

SUR

L'IMPOT ET LA PROPRIÉTÉ

PAR

M. GROUSSAU

Professeur de Droit administratif à l'Université de Lille.

ARRAS
IMPRIMERIE DE LA SOCIÉTÉ DU PAS-DE-CALAIS
P.-M. LAROCHE, DIRECTEUR
Rue d'Amiens, 41 & 43.

1883

Fascicule, n° 2.

LIGUE SAINT-MARTIN

CONFÉRENCE DU 18 FÉVRIER

SUR

L'IMPOT ET LA PROPRIÉTÉ

PAR

M. GROUSSAU

Professeur de Droit administratif à l'Université de Lille.

ARRAS
IMPRIMERIE DE LA SOCIÉTÉ DU PAS-DE-CALAIS
P.-M. LAROCHE, DIRECTEUR
Rue d'Amiens, 41 & 43.

1883

LIGUE SAINT-MARTIN

Plus de cinq cents personnes avaient répondu à l'appel de la Ligue Saint-Martin.

La conférence est présidée par M. Vasselle qui, avant de donner la parole à M. Groussau, prononce l'allocution suivante, applaudie par toute l'assistance :

DISCOURS DE M. VASSELLE.

J'avais espéré, Messieurs, voir cette assemblée présidée par un de nos amis du dehors, c'eût été pour vous une variante heureuse et je regrette plus que personne les obstacles survenus.

Je me plais pourtant à constater que si un autre catholique royaliste avait accepté l'honneur de vous présenter l'éminent orateur qui veut bien, au milieu de tous les dégoûts de l'heure présente, venir ranimer nos courages, il se serait assurément acquitté de sa mission avec plus d'autorité et de compétence ; mais, en aucun cas, il ne l'aurait pu faire sous l'impression de sentiments de reconnaissance plus vifs que ceux qui m'animent.

Sous l'impression de ces sentiments, je me fais, sans crainte d'être démenti par personne, l'interprète de toute cette assemblée, en offrant à M. Groussau, l'éloquent professeur d'économie politique de la Faculté catholique de droit à Lille, l'hommage de nos remerciements, pour avoir bien voulu nous sacrifier le repos si mérité que le dimanche procure au travailleur de la pensée comme au travailleur de l'atelier.

M. Groussau n'est pas un inconnu pour nous. Beaucoup ici ont eu la bonne fortune de l'entendre à Lille, à Douai et ailleurs, et de réchauffer leurs cœurs aux accents de sa parole.

La parole est à M. Groussau.

CONFÉRENCE DE M. GROUSSAU.

Messieurs,

Les paroles tour à tour élevées et aimables, à coup sûr beaucoup trop flatteuses pour moi, que nous venons d'entendre, m'inspirent un sentiment que je veux exprimer tout d'abord ; c'est un sentiment de profonde reconnaissance pour l'accueil si bienveillant et si gracieux qui m'est fait. Votre langage, Monsieur le Président, me permet d'en reporter une bonne part à la grande œuvre dont je suis ici le modeste représentant. C'est une très vive et très précieuse satisfaction pour moi d'avoir l'occasion de saluer ces catholiques du Pas-de-Calais qui ne font qu'un cœur et qu'une âme avec les catholiques du Nord, et de les saluer au nom de l'Université catholique de Lille qu'ils ont fondée et qu'ils soutiennent avec la même générosité, avec la même hauteur de vues, et j'ajoute, avec un zèle admirable, que l'éloignement rend plus parfait encore.

En ce qui me touche personnellement, je sens toute la nécessité et tout le prix de votre bienveillant accueil, au moment même où j'aborde le sujet dont je viens vous en-

nés, semblent oublier aujourd'hui (Approbation.)

La première, c'est que les impôts, ne se justifient que par leur nécessité ! Si les contribuables ont pour devoir vis-à-vis de l'Etat de payer l'impôt, — de son côté, l'Etat a pour devoir vis-à-vis des contribuables de ne pas faire une seule dépense inutile.

La seconde vérité que je voudrais établir, c'est que les impôts inutiles ou injustes portent une véritable atteinte à la propriété, en même temps qu'ils sont des instruments de socialisme.

Tels sont les deux points qui se partageront notre entretien.

Voilà mon sujet ! Et qu'importe son caractère spécial et technique, si votre intelligence ne dédaigne pas les endroits difficiles où sont placées les questions sociales, si vous avez l'habitude de ne pas refuser votre bienveillance et votre attention à ceux qui essaient de soulever, au nom de la science, un coin du voile qui cache à tant d'autres la justice et la vérité ! (Assentiment.)

tretenir, car mon sujet ne se présente guère avec cet aspect attrayant et aimable qui sied si bien à une conférence. Traiter des impôts ! N'est-ce point entreprendre une matière où les explications scientifiques, techniques, sont absolument indispensables ? Traiter des impôts ! N'est-ce point se heurter à l'aridité des chiffres ? On dit quelquefois que les chiffres sont éloquents : soit ! Mais à la condition de n'en pas parler durant une heure entière. Traiter des impôts ! Pourquoi ne pas offrir un sujet plus sympathique ? Le nombre est si rare de ceux pour qui les impôts ont de l'attrait : il y a si peu de gens qui aiment l'impôt ! (Sourires.)

Mais en revanche, il y a beaucoup de gens qui aiment la vérité. Pour ceux-là, la question des impôts est un sujet séduisant, à cause des idées fausses, des erreurs, des préjugés qui circulent dans l'opinion publique et qu'il est nécessaire, aujourd'hui plus que jamais, d'examiner, de combattre et de réfuter. Au moment où les dépenses publiques prennent une incroyable extension, l'heure est propice pour montrer les véritables rapports de l'Etat avec les contribuables et pour rappeler et mettre en lumière deux grandes vérités que presque tout le monde en France, gouvernants et gouver-

I

Je dis d'abord que l'Etat n'a pas le droit de faire une seule dépense inutile, parce que les impôts ne se justifient que par leur nécessité. Mais avant tout, commençons par nous faire une idée exacte de l'impôt.

Il faut des impôts.

Dans toute société, il y a un pouvoir, un gouvernement, ce qu'on appelle l'Etat: L'Etat a une grande mission à remplir. Il doit défendre le pays contre les ennemis de l'extérieur, mais pour cela, il lui faut une armée, une flotte, des ambassadeurs. Il doit ensuite protéger la vie et les biens des citoyens, mais pour cela, il lui faut des magistrats, des gendarmes. Et quand les forces individuelles sont impuissantes, l'Etat doit intervenir dans l'intérêt de la société : c'est alors qu'il construit des routes, qu'il creuse des ports et qu'il exécute de grands travaux publics, mais pour cela, il lui faut au moins des ingénieurs et des ouvriers.

Il est facile de comprendre que l'Etat ne

saurait remplir son rôle sans faire des dépenses considérables. Pas d'argent, pas de suisses ! disait-on autrefois. Ce vieil adage a conservé toute sa vérité. Pas d'argent, pas d'armée, pas de flotte, pas d'ambassadeurs, pas de magistrats, pas d'ingénieurs; pas d'ouvriers, pas de gendarmes !

Et comme l'Etat n'a, pas plus que les particuliers, le pouvoir de tirer les richesses du néant, comme il ne possède pas davantage le secret de la pierre philosophale, il faut bien qu'il s'adresse à ceux qui usent de ses services, c'est-à dire à tous les citoyens et qu'il leur tienne ce langage : « Vous qui jouissez des avantages de l'organisation de la société, supportez les charges de cette organisation ; supportez les dépenses qui vous donnent la sécurité et la justice, qui vous garantissent la propriété de vos biens et la sûreté de vos personnes, qui vous permettent de travailler paisiblement et avec fruit, qui vous procurent les immenses avantages matériels dont vous usez tous les jours. Pour couvrir les frais de la société en même temps que pour rémunérer les services rendus par l'Etat, que chacun apporte donc sa quote-part, sa contribution, que chacun paie l'impôt. »

Ce raisonnement est très juste : il fait de

l'impôt une dette sacrée envers l'Etat. Aussi l'impôt a-t-il existé de tout temps : on le retrouve chez tous les peuples anciens et modernes sous les formes les plus diverses et quelquefois les plus curieuses. A vrai dire, l'impôt n'a pas toujours été aussi facile à percevoir que de nos jours, et les gouvernements de l'antiquité n'avaient guère à compter sur des plus-values, si l'on en croit l'anecdote rapportée par Aristote.

Il paraît qu'un certain Maussolus, tyran de Carie, ne savait plus comment se procurer de l'argent : fort heureusement, il avait, dans la province de Lycie, un très habile intendant nommé Condalus. Maussolus fit donc part à Condalus de son extrême embarras et celui-ci ne fut pas en peine d'imaginer un bon expédient. Il savait que ses administrés aimaient à porter de longues chevelures : il leur annonça d'abord, de l'air le plus sérieux du monde, que le tyran Maussolus avait besoin d'une grande quantité de cheveux pour perruques et qu'il avait donné l'ordre de faire tondre tous ses sujets. Mais il s'empressa d'ajouter que, si chacun voulait lui donner une certaine somme, une cotisation, il ferait venir des cheveux de la Grèce, ce qui satisferait aussi bien le tyran. Je vous prie de croire que les

Lyciens consentirent à tout, payèrent la somme convenue, l'impôt, pour l'appeler par son nom et se trouvèrent fort heureux de conserver leurs légendaires chevelures.

C'était un habile homme que ce Condalus ; il eut fait un excellent ministre des finances, il faut croire, avec un écrivain anglais, « que tout l'art d'un chancelier de l'Echiquier consiste à lever le maximum d'espèces en excitant le minimum de mécontentement », ou, avec un écrivain français, « que l'art fiscal consiste à bien tondre les brebis sans trop les faire crier » ! (Sourires approbatifs.)

Il n'est pas bon d'avoir la susceptibilité de certain empereur romain qui se désolait de voir son peuple surchargé de taxes, et qui eut la pensée d'abolir presque tous les impôts, pour faire au genre humain le plus magnifique des présents. Cet empereur, au cœur si tendre, c'était Néron ! Le Sénat loua beaucoup sa générosité, mais lui fit entendre que ce serait la dissolution de l'Empire. Et le Sénat avait raison ; l'impôt est nécessaire à l'existence de l'Etat !

Plus de 3 millards d'impôts !

Il faut donc des impôts ! Dieu merci, nous en avons ! (Oh ! oui.) Nous payons, chaque année en France, plus de trois milliards d'impôts ! Si Néron vivait de nos jours, il serait épouvanté !

Nous donnons d'abord environ 2 milliards 600 millions à l'Etat sous la forme d'impôts directs et d'impôts indirects, de contribution foncière, personnelle et mobilière, de portes et fenêtres, patentes ; — droits sur les boissons, sur le sel, sur le sucre, l'huile ; — droits d'enregistrement et de timbre ; — impôts sur les valeurs mobilières, sur les chevaux et voitures ; — et bien d'autres taxes qu'il est inutile d'énumérer.

Nous payons ensuite un impôt de 7 à 800 millions aux départements et aux communes, principalement sous la forme de centimes additionnels, de droits d'octroi, sans parler des droits de voirie, de la taxe des chiens, etc. Je ne sais quel Condalus moderne a découvert les centimes additionnels, mais je ne puis m'empêcher d'admirer le caractère ingénieux de son invention. Le problème n'était pas facile à résoudre : on ne voulait pas augmenter les impôts directs, — cela sonne mal aux oreilles du peuple de parler d'augmentation de la contribution foncière ou des patentes — et pourtant on voulait leur faire produire davantage. Voici le moyen qu'on emploie. On laisse la cote telle qu'elle est, — seulement on y ajoute des centimes par chaque franc de principal. Des centimes, cela ne tire pas à conséquence ! Et puis le contribuable ne s'en aperçoit même pas. Il a tort, car s'il ne se préoccupait pas des mots et s'il allait au fond des choses, voici ce qu'il trouverait : « Quand on ajoute 25 centimes [additionnels à 1 franc d'impôt, on augmente cet impôt d'un quart ; quand on ajoute 50 centimes additionnels, on l'augmente de moitié ; et quand on ajoute 100 centimes, on le double ». C'est comme cela que les centimes additionnels se traduisent par des centaines de millions d'impôts ! (C'est vrai ! Très bien ! très bien !)

J'ai sous les yeux une statistique édifiante à cet égard. Savez-vous combien il y a en France de communes qui ont établi plus de 100 centimes additionnels aux quatre contributions directes ? — Le chiffre est incroyable : 3,094 communes ! — Et savez-vous quelle est la moyenne générale des centimes additionnels par commune ? 48 centimes ! — Cependant n'est-ce point avec une suprême indifférence qu'on laisse voter les centimes additionnels par les Conseils municipaux, les Conseils généraux et les Chambres législatives ? Un peuple vraiment soucieux de ses intérêts devrait agir autrement, n'est-il pas vrai, Messieurs ? (Applaudissements.)

4 milliards de dépenses publiques !

L'Etat, les départements et les communes reçoivent donc chaque année plus de 3 milliards, près de 3 milliards 1|2 des contribuables ; et cela ne suffit pas ! Le total des dépenses publiques dépasse actuellement 4 milliards. La fin du quatrième milliard provient de certaines sommes qui n'ont pas le caractère d'impôts, comme les revenus du domaine et surtout des emprunts publics.

Mais, objecterez-vous, on n'emprunte pas tous les ans ; il y a déjà deux ans qu'on a fait le fameux emprunt d'un milliard en 3 0|0 amortissable: tout le monde sait qu'il a été couvert quatorze fois... par les banquiers...(Sourires.) et qu'il n'est pas encore classé, écoulé dans le public. (C'est vrai !) Aussi n'a-t-on plus fait d'emprunt depuis cette époque.

Eh bien voilà une erreur absolue ! (Mouvement d'attention.)

L'Etat a emprunté des sommes considérables, effrayantes, seulement presque personne ne s'en doute. En ce moment même, Messieurs, notre dette publique s'augmente de 1 milliard 200 millions ! Cela vaut bien la peine d'y prêter deux minutes de notre attention. D'abord, je dois la preuve de ce que j'avance: elle se trouve dans une loi du 30 décembre dernier, la loi du budget 1883. Ecoutez ce que disent deux petits articles qui se cachent modestement sous le titre de *moyens de service* :

« Le ministre des finances est autorisé à
« inscrire au Grand-Livre de la Dette pu-
« blique des rentes 3 0/0 amortissable... jus-
« qu'à concurrence de la somme de 1 mil-
« liard 200 millions,... pour consolider les
« fonds versés au Trésor en compte cou-
« rant par la Caisse des Dépôts et Consi-
« gnations, tant pour son propre compte
« que pour celui des différentes caisses
« dont elle a la gestion ».

Il s'agit de la consolidation de la dette flottante et pour ceux qui ne sont pas dans le secret de la dette flottante, voici ce que cela signifie. L'Etat reçoit dans son coffre-fort les dépôts de diverses caisses et, entre autres, les dépôts des caisses d'épargne. Au fur et à mesure de ses besoins, il a puisé dans ledit coffre-fort. Pour y puiser plus largement, il a même pris une mesure assez adroite : le maximum des dépôts à la caisse d'épargne a été élevé de 1,000 à 2,000 francs. Des âmes naïves ont cru que c'était dans l'intérêt du peuple ! je regrette de détruire leur illusion : c'était tout simplement un moyen de créer des ressources pour les chemins de fer de l'Etat. (Vive approbation.)

Dans son coffre-fort de dépositaire l'Etat a donc emprunté 1,200 millions ; avec quoi les rendre ? Si tout allait bien, on ferait une émission de rentes ; mais les temps sont durs, le public se défie (Oh ! oui.) et les banquiers ne sont pas contents ! (Oh ! non.) On prend donc le parti de remplacer l'argent des caisses d'épargne et de la caisse des dépôts et consignations par des titres qu'on écoulera quand on pourra. En attendant, le grand livre de la dette publique constate un nouvel emprunt consolidé plus considérable encore que celui dont on a tant parlé, il y a deux ans !

Bref, avec le produit des impôts et des emprunts, il se fait donc en France, bon an mal an, pour quatre milliards de dépenses publiques. Si l'on veut se rendre compte de la portée de ce chiffre, qu'on se rappelle qu'à la fin de la Restauration, il ne se dépensait qu'un milliard tout juste. (C'est vrai! bravos.) Depuis quelques années, c'est par centaines de millions qu'on doit compter la progression annuelle du budget.

Ce mot *Budget* a vraiment changé de sens avec le temps! Il est bien vieux et malgré son air étranger, il est essentiellement français. Il y a déjà un bon nombre de siècles, on donnait, en Normandie, le nom de *bougette*, à une petite bourse de cuir dont se servaient les commerçants pour mettre leur argent. Plus tard les Anglais s'emparèrent du mot, — je n'imagine pas que ce soit pour se venger de la conquête de l'Angleterre par les Normands ; ils lui donnèrent une physionomie locale et ils l'appliquèrent au sac de cuir dans lequel on apportait au Parlement les pièces formant l'exposé des recettes et des dépenses publiques. Peu à peu, le nom du contenant passa au contenu, le temps qui change tout, et les mots et les choses, transforma la bougette en budget et la petite poche en un sac assez grand pour contenir quatre milliards (Vifs applaudissements.)

L'emploi des impôts.

Et si vous me demandez maintenant quel peut être l'emploi d'une somme aussi prodigieuse, je vous répondrai qu'elle sert principalement à deux choses : premièrement à pourvoir aux services publics ; deuxièmement à payer les intérêts de la dette publique.

Les services publics correspondent aux onze ministères,... avec ou sans ministres (Rires approbatifs.), qui se partagent les diverses branches de l'administration. Chaque ministère se trouve doté d'un nombre plus ou moins considérable de millions. Ces millions se transforment vite en traitements pour les fonctionnaires, en soldes pour les militaires, en salaires pour les ouvriers et employés de l'Etat, en frais de matériels de toute sorte, en subventions de toute nature.

Ce sont les dépenses militaires et les travaux publics ordinaires ou extraordinaires qui ont les plus gros chiffres, mais les traitements et les pensions absorbent encore un assez joli denier. En 1849, un représentant du peuple eut la fantaisie de demander que la liste de tous les fonctionnaires et pensionnaires fut dressée par le gouvernement pour être imprimée et distribuée à l'Assemblée nationale. — Bien volontiers, répondit le ministre des finances, mais il faut d'abord m'ouvrir un crédit. Car la liste que vous me demandez formera 50 volumes in-quarto de chacun 600 pages et les frais s'élèveront à plus de 500,000 francs ! (Hilarité.)

Le député, qui avait pour but de réaliser des économies, se garda bien d'insister. Cela se passait il y a déjà plus de trente ans ! L'exemple est donc un peu vieux, mais il n'a rien perdu de sa force, car on peut affirmer sans crainte que le nombre des personnes se rattachant à l'Etat et à l'administration n'a pas été en diminuant depuis cette époque. (Oh ! non.)

A côté des crédits pour les services publics, la loi du budget inscrit plus d'un milliard pour les intérêts de la dette publique. Ce milliard est de nature à faire réfléchir tous ceux qui ont quelque souci de la prospérité de notre pays. Oui, Messieurs, chaque année, un milliard d'impôts, dix fois cent millions d'impôts sont prélevés sur les épargnes des contribuables pour payer les intérêts de la dette publique. A quelle somme s'élève donc cette dette ?

Ici, les chiffres donnent le vertige. La France a la plus forte dette publique de tous les pays civilisés et autres. — Il faut parler de 20 milliards pour la dette consolidée en rentes, — de 25 milliards, si l'on y joint les autres fractions de la dette publique, — de 35 milliards, si l'on ajoute les dettes départementales et communales.

Que diraient aujourd'hui les publicistes du XVIIIe siècle, qui, frappés pour la première fois de la merveilleuse puissance du crédit, soutenaient que les dettes publiques augmentent la richesse sociale, — qu'un Etat qui ne doit qu'à lui-même ne s'appauvrit jamais, — que les dettes publiques sont de véritables mines d'or pour un pays. (Sourires ironiques.)

Avec cette théorie, ils trouveraient sans doute la France actuelle bien riche, à moins qu'en passant par la Révolution, ils n'aient entrevu la hideuse banqueroute de l'Etat et n'aient appris qu'en exploitant de pareilles mines d'or, on creuse parfois des abîmes. (Vifs applaudissements.)

L'énormité de la dette publique tient principalement aux guerres et aux travaux publics. La guerre de 1870-1871 a coûté près de 10 milliards à la France, et c'est à ce même chiffre formidable qu'on évalue maintenant, non sans quelque terreur, la note à payer du fameux programme que vous savez.

Les dépenses inutiles font-elles aller le commerce?

Tel est, messieurs, l'emploi qu'on fait des impôts; telles sont les dépenses qui absorbent quatre milliards par an. Sur ces quatre milliards, combien y a-t-il de dépenses inutiles? Je n'en sais rien, mais ce que je sais, c'est que toute dépense inutile appauvrit la société, c'est que si l'Etat prélève 100 francs ou 100 millions d'impôts quand 80 francs ou 80 millions devraient suffire, la société est appauvrie de toute la différence. (Très bien !)

Malheureusement l'opinion publique n'est n'est pas formée dans ce sens : on ne se doute pas du mal que les dépenses inutiles font à notre pays. On s'imagine volontiers que les impôts retournent aux contribuables et que les dépenses publiques font aller le commerce. C'est là une théorie déplorable. Je voudrais vous démontrer qu'elle est condamnée par la raison et par le bon sens. (Approbation.)

Mais il ne doit pas y avoir d'équivoque sur la question; je suppose une dépense inutile de l'Etat, d'un département ou d'une commune. C'est, par exemple, la création d'une fonction que rien ne justifie, c'est l'accomplissement d'un travail sans utilité, c'est le gaspillage d'une plus-value.

« Il ne faut pas trop s'en plaindre, disent certaines personnes, ces dépenses ont toujours un bon résultat ; elles font marcher le commerce, elles font travailler des ouvriers, elles font du bien aux fournisseurs. De sorte que l'impôt perçu pour ces dépenses inutiles retourne en quelque sorte dans la bourse des contribuables. »

Ce raisonnement me rappelle complètement celui d'un voleur qui avait soustrait 100 francs à un épicier et qui répondait pour se disculper : — De quoi se plaint-il, monsieur l'épicier ? Je lui ai pris 100 francs, c'est très vrai, mais dès le lendemain, je suis revenu chez lui et je lui ai acheté pour 100 francs de marchandises ! J'ai fait aller son commerce pour une somme égale à celle que je lui avais prise. Les 100 francs sont retournés dans sa bourse. Il y a compensation ! » (Bravos !)

C'est une compensation de même nature qui est donnée aux contribuables quand on prélève un impôt pour une dépense inutile. Permettez-moi de reprendre les exemples que je citais tout à l'heure pour rendre plus claire cette démonstration essentielle.

En cherchant bien, on trouverait peut-être, dans les onze ministères, je n'oserais pas dire un ministre, (Sourires.) — mais au moins un employé inutile. Eh bien, le traitement de cet employé, — plaise au ciel qu'il soit unique en son genre ! — est une perte sèche pour la société, et quand même il dépenserait jusqu'au dernier centime de l'argent qu'il reçoit, le commerce n'en irait pas mieux. Comme le dit Bastiat, on voit bien l'avantage qui résulte du traitement pour le fournisseur de l'employé, mais on ne voit pas le dommage qui résulte de l'impôt pour les fournisseurs des contribuables. Le fonctionnaire dépense mille francs de plus, soit ! mais les contribuables dépensent mille francs de moins ! Si la fonction est utile, il n'y a rien à regretter, mais si la fonction est inutile, c'est, je le répète, une perte sèche pour la société.

En matière de travaux publics, quand l'utilité est douteuse, on dit : « C'est un moyen de procurer de l'ouvrage aux ouvriers. »

Il s'agit de creuser un port ! mais il n'y a aucune chance d'y faire venir des navires et des bâteaux, à moins de les enlever au port voisin qui pourrait parfaitement continuer de les recevoir sans nouveaux frais.

— Bast ! on verra cela plus tard ! en attendant, on crée du travail pour les ouvriers.

Il s'agit de construire un chemin de fer ! mais c'est un véritable chemin de fer électoral, il passe dans tous les cantons de l'arrondissement, mais il ne répond à aucun intérêt général. — Qu'importe ! on crée du travail pour les ouvriers !

La vérité est qu'on ne crée rien du tout. (C'est vrai !)

On déplace le travail, ce qui n'est pas la même chose. Quand une loi ouvre un crédit de dix millions pour des travaux publics, cela ne fait pas descendre miraculeusement ces dix millions dans les coffres de M. le ministre des finances ou de M. le ministre des travaux publics. Cela met tout simplement les percepteurs en campagne et les dix millions sont cherchés et trouvés dans la poche des contribuables. Eh bien, croyez-vous que, sans l'impôt, ces millions eussent été invisibles? Croyez-vous que les contribuables ne les auraient pas employés eux-mêmes, dépensés ou placés dans des entreprises, dans des sociétés qui les auraient livrés à la circulation et au commerce? Le commerce reçoit donc les dix millions du gouvernement au lieu de les recevoir des contribuables, mais les contribuables font une perte sans compensation, si les travaux ne sont pas utiles. (Très bien !)

Et le gaspillage des plus-values ! Est-il quelque chose de plus contraire à la véritable notion des impôts ? Les plus-values, qui résultent le plus souvent du mauvais mécanisme de notre budget, démontrent catégoriquement que les contribuables ont payé trop d'impôts, qu'une certaine somme qui aurait dû rester dans la bourse des citoyens, a été réclamée, prélevée sans motif par l'Etat. Donc l'Etat devrait restituer cet excédent, sous la forme d'un allégement des charges ou d'une diminution des impôts, au lieu de le partager entre les diverses administrations qui se le disputent pour augmenter leur dotation et faire des dépenses qui n'avaient pas été jugées nécessaires.

Je crois inutile d'insister plus longtemps, Messieurs, et j'espère que vous tiendrez avec moi pour un principe certain que la nécessité des dépenses publiques justifie seule les impôts perçus pour les payer. Tout gaspillage, toute dépense inutile est, quoi qu'on dise, nuisible, toujours nuisible à la société. (Vive approbation.)

II

Je voudrais maintenant vous démontrer que les impôts inutiles ou injustes portent une véritable atteinte à la propriété et qu'ils sont des instruments de socialisme. Et comme cette démonstration doit, pour être claire et concluante s'appuyer sur des faits, je demande à cet auditoire, qui m'écoute avec une si bienveillante attention, le droit d'appeler les choses par leur nom, de m'expliquer avec une entière franchise et une pleine liberté. Je ne sais quel écrivain inscrivit en tête d'un de ses ouvrages : « Ceci est un livre de bonne foi » ; qu'il me soit permis de dire, moi aussi, dans toute la sincérité de mes convictions : « Ceci est une conférence de bonne foi ! » (Très bien ! très bien !)

Je cherche à faire une démonstration scientifique et non pas une démonstration politique. Sans doute je n'ai point l'intention d'empêcher ceux qui n'aiment pas la République de trouver ici la preuve que la République gère fort mal les finances de la France, — mais s'il y a des républicains parmi ceux qui me font l'honneur de m'écouter, je les supplie de se rappeler ce que disait récemment un des hommes les plus distingués et les plus compétents du parti républicain : « Il est temps d'ouvrir l'oreille à la vérité. — Si l'on ne prend pas de mesures énergiques, le crédit de France peut être compromis pour longtemps. — La situation est horrible pour ceux qui aiment leur pays et le gouvernement républicain. » Après cette citation de M. Léon Say, je ne crains pas de faire un appel à l'indulgente attention de tous mes auditeurs sans exception.

Qu'on respecte le droit de propriété.

Je ne crois pas nécessaire de me poser en défenseur de la propriété, car je suis absolument persuadé que personne ici n'en est l'adversaire, — et je crois fort que dans cette réunion, un orateur très influent de la Chambre des députés, n'aurait pas obtenu l'adhésion qui accueillait l'année dernière au Cirque Fernando, ses dangereuses paroles : « Quant à moi, disait M. Clémenceau, je ne connais aucune espèce de propriété qui soit comme un dogme sacro-saint, auquel il soit défendu de toucher ». Nous, Messieurs, nous tenons la propriété pour un droit inviolable, pour un droit sacré !

Eh bien, si l'impôt est légitime parce qu'il est nécessaire, lorsqu'il ne correspond plus à une dépense utile et juste, il devient aussitôt une atteinte au droit de propriété.

Qu'est-ce en effet que le droit de propriété ? C'est le droit de dire: Le résultat de mes efforts, de mon travail est à moi, j'en fais ce que je veux ; les revenus de mes biens sont à moi, j'en fais ce que je veux ; l'intérêt de mon argent est à moi, j'en fais ce que je veux. Tout cela est à moi et non pas à l'Etat. Sans doute je dois à l'Etat une cotisation pour les frais de la société. Mais si l'Etat me force à lui donner de l'argent pour le gaspiller ou pour le faire passer à d'autres, sous prétexte de redresser des inégalités sociales, l'Etat abuse de ce qui ne lui appartient pas, l'Etat agit comme si mes biens et mon argent étaient à lui, l'Etat viole mon droit de propriété, l'Etat fait du socialisme ! (C'est évident !)

Et quand je parle de socialisme, je n'entends pas faire allusion à ce socialisme violent, qui s'affirme dans ces congrès d'ouvriers dont on vous a fait connaître l'histoire, ici même, avec une chaleureuse éloquence, et qui se traduit par ce raisonnement plus ou moins nettement avoué : « La propriété n'est pas un fait naturel, c'est une invention odieuse et injuste. — Tous les hommes sont égaux, tous les biens doivent être communs. — Plus de riches, plus de pauvres ! » — Triste doctrine qui élargit chaque jour le sillon de la misère !

Le socialisme d'Etat.

Il y a un autre socialisme beaucoup moins farouche, qui affecte des dehors savants, qui séduit un grand nombre d'hommes politiques et qui se développe souvent aux applaudissements de la foule. Ce socialisme consiste tout simplement dans l'exagération des attributions de l'Etat, exagération qui entraîne des dépenses publiques mauvaises et qui rend injuste une partie des impôts. Je voudrais caractériser cette espèce de socialisme en rechercher la cause et vous en montrer les dangers.

Je n'apprendrai rien à personne en disant qu'il y a, à l'heure actuelle dans notre pays, une tendance de plus en plus marquée à exagérer le rôle et les droits de l'Etat, tant dans l'ordre économique que dans l'ordre moral. Pendant qu'on entend proclamer, de tous côtés, que la puissance de l'Etat est sans bornes et sans limites, l'Etat apparaît à beaucoup comme un tuteur naturel, comme une sorte de Providence sociale chargée de régler l'initiative des individus, comme le principal et presque l'unique moteur du progrès.

Aujourd'hui, l'Etat est industriel, fabricant, entrepreneur, banquier... il sait tout, il est le plus capable en tout, il a tous les talents. Les particuliers n'ont qu'à le laisser faire et à jouir des avantages qu'il procure. C'est sans doute pour cela que l'Etat étend sans cesse ses limites, qu'il possède maintenant son réseau de chemins de fer, qu'il parle de temps en temps de racheter les lignes de grandes compagnies et que beaucoup de ses courtisans cherchent à lui persuader que les assurances et les mines devraient être entre ses mains.

Qui exerce les talents de l'Etat ?

Pour ne pas rester dans les abstractions, il faut se demander qui représente l'Etat, quels sont les organes de la capacité, de la science, des talents et des vertus de l'Etat.

Sous notre gouvernement parlementaire, ce sont les ministres. « Que sont, disait M. Lamy à la Chambre, que sont les gouvernements modernes ? des gouvernements de majorités. — Qu'est-ce qu'une majorité ?

C'est une opinion qui passe. — Et cette opinion, qui a-t-elle pour représentants ? Des ministres qui passent plus vite encore. Voilà l'autorité gardienne des traditions, des idées et des doctrines de l'Etat ».

Oui, l'Etat actuel, ce sont les ministres. Chaque ministre exerce pour ainsi dire les fonctions d'Etat pour les affaires de son administration. Chaque ministre peut dire : l'Etat, c'est moi ! Cela est si vrai qu'on a pu entendre M. Jules Ferry, alors l'Etat au point de vue de l'instruction publique, revendiquer, en tant qu'Etat, les droits qu'avaient exercés ses illustres prédécesseurs Louis XIV et Saint-Louis !

Il me semble que nous pouvons maintenant poser la question avec clarté. Les ministres et leurs agents sont-ils plus capables, plus savants, plus aptes que tous les autres citoyens ? Evidemment non, car alors même qu'il suffirait d'être ministre pour avoir capacité, science et aptitude, il se trouve parmi les simples citoyens assez d'anciens ministres pour entrer en lutte avec les possesseurs actuels des portefeuilles ! (Oui ! Oui !)

Alors, pourquoi exagérer sans cesse les attributions de l'Etat ?

Pourquoi exagérer les attributions de l'Etat ?

Serait-ce que l'idée de travailler pour l'Etat ou au nom de l'Etat fait faire de plus grandes choses, avec plus d'économie et de perfection ? Ce n'est pas ce qu'on rapporte des ateliers de l'Etat. On citait naguère, à la Chambre des députés, l'exemple d'un vaisseau qui avait demandé plus de 1 million de journées de travail, dans les ateliers de l'Etat, alors qu'un vaisseau plus grand, construit à la même époque par l'industrie privée, n'avait demandé que 411,000 journées de travail. Je prends un autre fait entre mille. Dans une enquête, l'amiral Verninhac déclarait que dans le port de Lorient, où il était préfet maritime, il avait vu employer 150 ouvriers pour un travail qui aurait pu être fait par 10 ouvriers appartenant à l'industrie privée. Pourquoi donc exagérer sans cesse les attributions de l'Etat ?

Serait-ce que les rapports avec l'Etat sont plus faciles qu'avec les Compagnies ou les particuliers ? J'ai peine à le croire : l'Etat tient trop de la nature du lion. Si vous êtes prudents et habiles, vous tâcherez de n'avoir aucune contestation avec lui, car c'est un terrible plaideur. Il n'aime pas à avoir tort, jugez-en plutôt par la formule ordinaire qui se trouve sur les télégrammes : « L'Etat n'est tenu à aucune responsabilité pour les erreurs qui seraient commises dans le service télégraphique ». Cemme cela est rassurant ! Vous donnez l'ordre à votre agent de change d'acheter 10 actions d'une valeur quelconque, le télégraphe ajoute quelques zéros, puis la valeur baisse ; vous êtes ruinés mais vous n'avez pas le droit de vous plaindre. (Applaudissements. Rires.)

En revanche, vous ne serez plus tentés de demander l'extension des attributions de l'Etat, alors même qu'on invoquerait, en faveur de l'Etat, le privilège de l'unité, de la stabilité et de la durée. Il est vrai que personne n'aurait l'audace d'employer un pareil argument par le temps qui court. Il aurait l'air d'un mauvais plaisant.

Je ne veux pas discuter plus longtemps les motifs par lesquels on voudrait justifier les attributions indéfinies de l'Etat, mais, en vérité, quand j'entends parler du rachat des chemins de fer et de leur exploitation par l'Etat, je songe aux 3 ou 400,000 employés transformés en fonctionnaires et soumis à l'influence néfaste de l'action politique ; — je vois les chefs de gare révoqués comme des sous-préfets, à chaque changement de ministère, pour faire place aux amis des amis des nouveaux ministres ; — je devine tous les cadeaux que les députés seraient tentés de faire à la veille des élections, aux frais des contribuables, cela s'entend, l'élévation des traitements et des pensions des employés, l'abaissement des tarifs ; — enfin j'aperçois derrière la toute puissance et les monopoles de l'Etat, les ruines de l'initiative individuelle et des associations privées. (Très bien ! très bien !)

Ce que cela coûte d'étendre les attributions de l'Etat.

Comment se fait-il donc, Messieurs, qu'il qu'il n'y ait pas un cri universel pour retenir l'Etat dans de justes limites ? Cela tient surtout, je crois, à la gratuité apparentes des services de l'Etat. On demande beaucoup à l'Etat, parce qu'on croit que ce qu'il donne ne coûte rien.

Entrez avec un contribuable quelconque chez un marchand et vous verrez qu'il demande seulement ce dont il a besoin. Pourquoi ? Parce qu'il sait très bien qu'après avoir demandé, il faudra payer. — Que ce même contribuable se trouve en face de l'Etat, il lui demandera une foule de services dont il n'a nul besoin. Pourquoi ? Parce qu'il oublie qu'il en paiera l'équivalent par l'impôt. Il s'imagine, en vérité, que cela ne coûte rien d'étendre les attributions de l'Etat. Aussi qu'on crée un nouveau ministère, il en conclut que l'Etat va rendre plus de services et il ne voit pas au-delà ; il ne voit pas que l'Etat dépensera plus d'argent et que la question est de savoir si l'argent prélevé sur l'impôt sera mieux employé par l'Etat qu'il ne l'eût été par les contribuables. (C'est vrai ! applaudissements.)

Car toute la question est là ! L'Etat sait-il mieux dépenser l'argent des contribuables eux-mêmes ? Voyons un peu, par exemple, le succès des opérations de l'Etat en matière de chemins de fer, en matière d'assurances, en matière d'instruction.

Je voudrais pouvoir vous lire quelques passages d'une savante étude d'un homme extrêmement compétent, M. Paul Leroy-Beaulieu, à propos de chemins de fer de l'Etat. Le temps ne me le permet pas; je me contente de vous faire connaître la conclusion : « Toute compensation faite, le milliard que l'Etat a dépensé en chemins de fer depuis cinq à six ans, lui rapporte, comme intérêt, deux millions au-dessous de zéro. »

Et M. Leroy-Beaulieu, fort mécontent

d'un pareil résultat, se venge par une boutade fort édifiante, si l'on considère qu'elle émane d'un républicain. Il compare l'Etat à un intendant qui se dit : « Je dois jouer un bon tour, à celui qui me confie ses intérêts, je vais lui faire perdre le plus d'argent possible. » Et M. Leroy-Beaulieu ajoute : « A quoi, je vous prie, un homme qui raisonnerait de cette façon serait-il bon ? A rien, me répondrez-vous. Vous vous trompez, il ne serait bon à rien comme simple particulier, mais il est aujourd'hui d'étoffe à faire un député ou un ministre ». Avis aux candidats ! (Rire général et applaudissements.)

L'Etat s'occupe quelque peu d'assurance, mais les succès qu'il y obtient ne sont pas de nature à faire désirer qu'il en ait le monopole. Sa caisse des retraites pour la vieillesse est assez peu connue et les contribuables n'ont pas à s'en plaindre. En effet, les tarifs sont basés sur l'intérêt composé du capital versé à 4 1/2 0/0. Or, l'avoir de la caisse se compose de rentes qui ne rapportent que 3 1/2 0/0. Donc l'Etat ou plutôt les contribuables perdent 1 0/0 sur chaque opération. Il est à souhaiter que la caisse des retraites de l'Etat reste dans son obscurité salutaire.

Comment l'impot augmente quand la liberté diminue.

Mais c'est surtout pour l'instruction publique que nous avons vu les mesures financières les plus extraordinaires. Nous avons assisté, nous assistons encore tous les jours à cet incroyable spectacle d'impôts perçus pour soutenir l'omnipotence de l'Etat au détriment des libertés des particuliers, d'impôts perçus pour détruire par une concurrence deloyale les libertés que les lois garantissent à tous les citoyens. N'est-ce point là ce qui s'est passé, ce qui se passe encore tous les jours dans la guerre déclarée à l'enseignement religieux ? Les impôts, c'est-à-dire les épargnes des contribuables servent à ruiner les écoles chrétiennes, au profit des écoles sans Dieu ! Veuillez le remarquer, Messieurs, ce n'est pas au nom de nos principes religieux que j'élève ici la voix, je calme ma conscience pour faire taire mon indignation. (Bravos ! Très bien ! Applaudissements réitérés.)

J'examine froidement, en économiste, le budget de l'instruction publique — je constate qu'il était de 50 millions, il y a six ans, de 72, il y a trois ans : aujourd'hui, il est de 134 millions ! Et je vois à côté de ce budget, une caisse des Lycées Collèges et

Ecoles dans laquelle on verse de temps en temps des sommes assez rondes ; en 1881, 120 millions et c'est épuisé. La Chambre des députés vient de renouveler la provision et on s'est promis d'aller jusqu'au milliard. Je sais enfin que les départements et les communes empruntent et ajoutent des centimes additionnels, quelquefois de fort mauvais gré pour les frais de l'instruction publique. — Alors je me demande à quoi servent tant de millions ? Sans doute à donner de l'instruction à ceux qui n'en recevaient pas jusqu'à ce jour ? Non tel n'est point leur but direct.

Les millions servent à élever partout, en face des écoles chrétiennes, des écoles, des palais scolaires comme les appelle ironiquement M. Léon Say, où l'on attire la jeunesse pour l'instruire sans foi et sans religion, pour élever les enfants dans le mépris des traditions et des croyances qui ont rendu leurs parents honnêtes et respectables.

Les millions servent a créer ces nombreux lycées de jeunes filles qui n'ont pas tous égal aux frais, un succès si l'on en croit les mauvaises langues qui rapportent que, dans un certain lycée de jeunes filles, l'instruction revient à 13,200 fr. par tête. (Rires.)

Les millions servent aussi à payer la

gratuité de l'enseignement ! Quel leurre qu'une gratuité qui profite aux familles aisées et qui nuit aux familles pauvres, qui diminue les charges des premières et qui augmente celles des autres ! car c'est bien cela la gratuité de l'enseignement primaire !

Avant la loi sur la gratuité, la plupart des familles pauvres ne payaient rien pour l'instruction des enfants : les communes supportaient ces frais. Seules, les familles aisées payaient la rétribution scolaire et ce sacrifice pécuniaire était le juste prix du bienfait que recevait leurs enfants.

Aujourd'hui, personne ne paie plus, mais les dépenses se font quand même ; je ne sache pas qu'on ait diminué le traitement des instituteurs ou le mobilier des écoles. Qui paie donc ? Les contribuables. Mais parmi les contribuables se trouvent des familles pauvres et même beaucoup plus de familles pauvres que de familles riches. La gratuité fait donc payer plus aux pauvres qu'aux riches ! ce qui est absurde.

Il y a pourtant quelque chose de plus absurde et de plus révoltant encore : c'est la gratuité des inscriptions dans l'enseignement supérieur. Jusqu'à ces derniers temps, les inscriptions prises par les étudiants en droit et les étudiants en médecine formait un certain revenu pour l'Etat. La loi du 18 mars 1880 a établi la gratuité de ces inscriptions et, à la Chambre des députés, on a osé appeler cela un cadeau de l'Etat : c'est un manque de respect absolu vis-à-vis des contribuables, car c'est justement aux contribuables que l'Etat demande aujourd'hui l'argent que lui rapportaient les inscriptions. C'est donc un cadeau des contribuables...., sans leur consentement ! On a bien fait du reste de ne pas le leur demander, car je doute fort qv'ils auraient consenti à payer les inscriptions de jeunes gens généralement riches. L'étudiant en droit ou en médecine c'est le fils du propriétaire, de l'industriel, du commerçant, et c'est en partie aux ouvriers et aux travailleurs qu'on fait payer les frais d'inscription. Victimes innocentes de la concurrence que l'Etat fait aux Facultés catholiques avec plus de vigueur que de loyauté ! (Très bien !)

Encore un curieux effet de la gratuité de l'enseignement : c'est d'obliger beaucoup de pères de famille à payer deux fois. Les pères de famille qui ne veulent pas des écoles et des facultés de l'Etat, parce qu'ils n'y trouvent pas de sécurité pour la foi de leurs enfants, choisissent un établissement libre où une rétribution leur est demandée. Ceux-ci paient donc deux fois au lieu d'une, la première fois, comme contribuables, dans les écoles de l'Etat, pour les enfants des autres ; et la seconde fois, comme père de famille, à l'école libre, pour leurs propres enfants. Ce n'est pas plus conforme à l'égalité qu'à la justice !

Quel gaspillage !

Si je voulais vous montrer tous les abus, tous les troubles que l'esprit du parti produit dans les impôts, quelle longue énumération je pourrais vous faire !

Ici, c'est un conseil municipal qui verse 100,000 fr. dans le bureau de bienfaisance pour combler les déficits qui résultent de l'esprit politique introduit dans la charité : et savez-vous ce que fait ce conseil municipal ? Il prend dans la poche des uns (contribuables) pour mettre dans la poche des autres (pauvres). C'est la charité obligatoire-laïque : à coup sûr elle n'est pas gratuite.

Ailleurs, c'est encore un conseil municipal, celui de Limoges, si vous le voulez, qui vote 30,000 francs, en faveur d'une grève d'ouvriers en porcelaine ; et savez-vous ce que fait ce conseil ? Il donne aux ouvriers l'argent que les patrons ont versé sous forme d'impôt, afin d'aider les ouvriers à triompher des patrons !

Un dernier exemple. C'est une circulaire ministérielle, signée Paul Bert, qui a l'incroyable audace de dire aux préfets : « Vous ne perdrez pas de vue que les secours dont il s'agit constituent de véritables faveurs gouvernementales(?!) et qu'à mérite égal, ils doivent être accordés aux communes dévouées à nos institutions de préférence à celles qui leur sont notoirement hostiles ». Comme si ces dernières communes ne payaient pas l'impôt commes les autres ! Il faut vraiment qu'il n'y ait aucun danger, chez nous, à manquer de respect aux contribuables pour s'exprimer ainsi. Je ne crains pas d'affirmer qu'en Angleterre, un tel ministre serait à jamais déshonoré aux yeux du peuple !

C'est avec de pareils principes qu'on gaspille les impôts, qu'on dilapide nos finances et qu'on arrive au déficit. (Vif assentiment.)

Les réformes impossibles.

C'est avec la plaie de l'extension indéfinie des attributions de l'Etat, avec la plaie du socialisme d'Etat, que tout dégrèvement sérieux est impossible, que toute réforme utile est condamnée d'avance ! Est-ce que, par exemple, le pays tout entier ne soupire pas après l'égalité proportionnelle de l'impôt qui est si peu observée qu'on peut citer des contribuables qui sont 37 fois plus imposés que d'autres dans les mêmes conditions ? Et l'on attend toujours la révision du cadastre ! L'Etat est trop occupé de lui-même, il n'a pas le loisir de penser aux particuliers, il passe son temps à se développer, à s'étendre, à augmenter indéfiniment sa puissance ! (Très bien ! Très bien !)

La nation servile.

Et l'on ne voit pas que ce socialisme d'Etat n'atteint pas seulement la société dans ses intérêts matériels, mais qu'il va jusqu'à dégrader le caractère d'une nation. C'est qu'une société ne saurait être riche en vertu et en bien-être, si l'initiative privée et la liberté des citoyens, au lieu d'être protégées et développées par l'Etat, disparaissent devant lui comme des rivales dont il ne saurait supporter la présence ! (Très bien, c'est vrai !)

Et l'on ne voit pas que l'absorption des individus dans l'Etat, c'est le règne du fonctionnarisme, qui divise la plus grande partie du peuple en deux tristes catégories : les solliciteurs et les mécontents. Car, suivant le mot de Tocqueville, « le nombre des emplois publics finit par avoir des bornes, mais le nombre des ambitieux n'en a point. »

Et l'on ne voit pas que l'Etat trop puissant, c'est un véritable fléau pour un pays, puisqu'il rend les citoyens moins libres et moins responsables ! (Applaudissements.)

Moins libres ! A force de voir l'Etat en tout, on finit par vivre dans le cercle qu'il trace comme si l'on n'avait de devoirs qu'envers lui : la liberté consiste à se mouvoir dans ce cercle restreint. Mais, Messieurs, ce n'est pourtant pas l'Etat qui a créé le devoir et la liberté ! Alors même qu'il n'existerait ni Etat ni loi civile, l'homme aurait des devoirs à remplir. C'est le créateur qui les impose et ils sont inscrits dans un code que chacun porte en soi : la conscience. Il faut donc que l'homme soit libre de remplir tous ses devoirs non seulement envers l'Etat, mais envers Dieu, mais envers ses semblables, mais envers lui-même. Il ne faut pas que la toute puissance de l'Etat voile tous ces devoirs et supprime la liberté qui leur est dûe.

Et la responsabilité où est-elle ? Je la

cherche partout et je ne la trouve nulle part.

La responsabilité ! Elle n'est pas au sommet de la hiérarchie, car le chef de l'Etat règne et ne gouverne pas.

Elle n'est pas chez les ministres, bien que la Constitution les déclare responsables, car ils n'ont qu'à plaire aux majorités de Parlement pour recevoir l'absolution de leurs fautes ou même de leurs crimes. (Très bien.)

Elle n'est pas dans ces majorités de Parlement, car ce sont ces puissances anonymes, susceptibles d'entraînements d'autant plus dangereux qu'ils sont impersonnels.

Elle n'est pas dans le plus grand nombre des fonctionnaires, qui, comme fonctionnaires dépendent d'un chef auquel il faut plaire et obéir — et qui, comme hommes, ne peuvent guère exercer et défendre leur liberté sans se rendre suspects, appartenant ainsi à l'administration, alors même qu'ils ne la représentent plus. (Bravos).

Le sentiment de la responsabilité trouve-t-il au moins un refuge dans la majorité des citoyens ? Oserait-on le soutenir en voyant tant de personnes ne penser qu'aux droits que l'Etat accorde et aux devoirs que l'Etat impose ?

Voilà, Messieurs, ce que devient un peuple chez lequel on restreint la liberté et l'initiative privée.

Que tous ceux donc qui ont au cœur le souci de la grandeur et de la prospérité de la France unissent leurs efforts pour rendre à César ce qui est à César et à la liberté ce qui est à la liberté. (Salve d'applaudissements.)

—

Le président adresse de chaleureux remerciements à l'éloquent conférencier. Un grand nombre d'auditeurs se pressent autour de la tribune et apportent à l'orateur le témoignage de leurs félicitations les plus sympathiques.

Arras, Imp. du *Pas-de-Calais*, P.-M. LAROCHE, directeur.

www.ingramcontent.com/pod-product-compliance
Lightning Source LLC
Chambersburg PA
CBHW071337200326
41520CB00013B/3018